I0782063

El Futuro De La Psicoterapia:

Sinergia entre Humanos e Inteligencia Artificial

María Alejandra Menares Núñez

Psicóloga Clínica

ISBN: 9798329198683

Sello: Independently published

Psicóloga titulada de la Universidad Diego Portales de Santiago de Chile (1998). Acreditada como Psicóloga Clínica Especialista en Psicoterapia por la Sociedad Chilena de Psicólogos Clínicos (2006). Formación en Psicodrama, Psicología Clínica Adultos y Evaluación Pericial Psicológica de Niños, Niñas y Adolescentes. Desde 2008 al 2022 se desempeña como perito psicóloga del Ministerio Público de Chile, en causas de delitos sexuales evaluando daño emocional y credibilidad de testimonio. En la actualidad ejerce como psicoterapeuta en modalidad remota.

María Alejandra Menares Núñez

Perfil Psychology Today

https://www.psychologytoday.com/profile/737806

A quienes hacen

de la inteligencia artificial

una herramienta

para el progreso de todos

Prólogo

A lo largo de más de 20 años de práctica profesional en psicoterapia, he tenido el privilegio de acompañar a innumerables pacientes en sus viajes hacia la sanación y el autoconocimiento. Este recorrido me ha permitido observar de cerca la evolución de la psicoterapia, desde sus raíces tradicionales hasta su intersección con las tecnologías emergentes. Con 51 años de vida y una profunda dedicación a la psicología clínica, considero necesario reflexionar sobre estos cambios y anticipar el futuro de la psicoterapia.

El libro que tienes en tus manos, "Futuro de la Psicoterapia: Sinergia entre Humanos e Inteligencia Artificial", es el resultado de observación, estudio y experiencia. En estas páginas, exploramos cómo la inteligencia ha transformado la psicoterapia, ofreciendo nuevas herramientas y oportunidades que complementan y potencian el trabajo de los terapeutas humanos.

Desde los primeros intentos de integrar la tecnología en la psicoterapia, como la teleterapia, hasta los avances más recientes en inteligencia artificial, hemos sido testigos de un cambio significativo en la forma en que entendemos la psicoterapia. La Inteligencia artificial, con su capacidad para procesar grandes volúmenes de datos con rapidez y precisión, nos ofrece nuevas perspectivas y enfoques para el diagnóstico, tratamiento y seguimiento de los trastornos mentales cuyos alcances son inimaginables.

Comenzaremos con una introducción a la inteligencia artificial y su aplicación en la salud mental, destacando las características principales de esta tecnología y sus beneficios en la psicoterapia. Exploramos cómo los chatbots terapéuticos; Woebot, Wysa y Youper, entre otros, han revolucionado la forma en que se proporciona apoyo emocional, utilizando diferentes enfoques terapéuticos.

Exploramos los desafíos éticos y de seguridad que surgen con el uso de la inteligencia artificial en la salud mental, incluyendo la protección de datos y la necesidad de desarrollar marcos regulatorios adaptativos y éticos. La sinergia entre la inteligencia artificial y los terapeutas humanos es un tema central en nuestro análisis, ya que sostengo firmemente que la combinación de ambas puede maximizar los beneficios terapéuticos y mejorar la accesibilidad y efectividad de los tratamientos. Asimismo, revisaremos las aplicaciones futuras de la realidad virtual y la realidad aumentada en la psicoterapia, destacando su potencial para tratar fobias y trastornos de estrés postraumático mediante la recreación de escenarios seguros para la exposición gradual.

Aunque la inteligencia artificial ofrece herramientas avanzadas y precisas, la empatía, la validación emocional y la capacidad de interpretar contextos complejos, que solo un ser humano puede proporcionar, siguen siendo insustituibles. La escucha empática y la resonancia emocional son componentes esenciales que facilitan la sanación y el crecimiento personal tanto del paciente como del profesional, fenómenos que solo se dan en la conexión entre humanos.

Te agradezco que aceptes la invitación a explorar cómo la Inteligencia artificial y la presencia humana pueden trabajar juntas para crear un futuro más accesible, eficiente y efectivo en la salud mental. Espero que este libro no solo te informe, sino que también te inspire a participar en el debate y a contribuir al desarrollo continuo de la psicoterapia.

La inteligencia artificial ha llegado para quedarse, ha marcado un antes y un después, no solo en la psicoterapia, sino en muchas áreas de nuestra vida y en la humanidad en su conjunto.

Hace solo unos días escuché algo que nunca hubiera imaginado: *"Llegará un día en la evolución del alma humana en que ya no será necesario el sufrimiento para dar saltos de consciencia. Tendremos que enfrentar nuevos desafíos, en otros niveles de nuestra existencia, de mayor complejidad"*. No estoy segura de ser exacta con las palabras, pero esa era la idea. ¿Será que la Inteligencia artificial aplicada a la psicología y los demás beneficios que traerá finalmente llevarán a una disminución a gran escala del sufrimiento? Recuerdo otra ocasión en la que supe que, gracias a que la humanidad comenzó a cocinar sus alimentos, el Sistema Nervioso Central empezó a desarrollarse rápidamente porque absorbe mejor los nutrientes. Esto me hizo pensar en esas consecuencias inesperadas de cambios que parecen accidentales.

María Alejandra Menares Núñez
Psicóloga Clínica

Índice.

Capítulo 1. Origen de la Inteligencia Artificial……………………………….…. 16

Capítulo 2: Aplicación de la inteligencia
artificial en la Salud Mental………………………………………………….…. 30

Capítulo 3. Chatbots Terapéuticos…………………………………………….. 36

Capítulo 4. Realidad Virtual y Realidad
Aumentada Aplicada a Psicoterapia………………………………………….. 50

Capítulo 5. Debates sobre la Empatía
y Observación en la Terapia…………………………………………………….. 59

Capítulo 6. Desafíos para la Inteligencia
Artificial en Psicoterapia……………………………………………………….. 73

Capítulo 7. Resumen y Reflexión Final…………………………………….. 80

Apéndice: Preguntas y Respuestas………………………………………….. 85

Referencias bibliográficas…………………………………………………….. 106

Capítulo 1. Origen de la Inteligencia Artificial.

La inteligencia artificial es un campo de la informática que se centra en la creación de sistemas y programas capaces de realizar tareas que normalmente requieren inteligencia humana. Estas tareas incluyen, pero no se limitan a, el reconocimiento de voz, la toma de decisiones, la traducción de idiomas, el reconocimiento de patrones y el aprendizaje, para ello se basa en algoritmos y modelos matemáticos que le permiten aprender de los datos y mejorar su rendimiento con el tiempo.

El aprendizaje automático es una de las características más destacadas de la Inteligencia artificial; puede aprender y mejorar con el tiempo sin necesidad de que alguien le diga exactamente qué hacer en cada paso. Los sistemas de Inteligencia artificial utilizan grandes cantidades de datos para identificar patrones y tomar decisiones. Cuantos más datos procesen, mejor será predecir resultados futuros. Por ejemplo, las aplicaciones de recomendaciones de películas o música, como Netflix y Spotify, utilizan el aprendizaje automático para sugerir contenido basado en tus preferencias y comportamientos anteriores.

A diferencia de los programas tradicionales que siguen instrucciones predefinidas, las aplicaciones de aprendizaje automático mejoran continuamente a medida que se les alimenta con más información. Procesamiento del Lenguaje Natural. El procesamiento del lenguaje natural, es la capacidad de una máquina para entender y responder a textos y conversaciones humanas de manera natural, como lo haría una persona.

Las aplicaciones de procesamiento de lenguaje natural pueden leer y entender correos electrónicos, mensajes de texto, tweets y cualquier otro tipo de texto. Esto les permite interactuar con los usuarios de una manera más natural, acercándose a como respondería un humano. Los asistentes virtuales como Siri de Apple, Alexa de Amazon y Google Assistant son excelentes ejemplos de Programación de Lenguaje Natural en acción. Puedes pedirles información, que envíen mensajes, que pongan música o que controlen dispositivos inteligentes en tu hogar, y ellos te entienden y responden en consecuencia.

La visión por computadora permite a las máquinas interpretar y entender el contenido visual del entorno, como imágenes y videos, similar a cómo lo hacemos los humanos con nuestros ojos y cerebro; pueden identificar objetos, personas, paisajes y hasta emociones en las imágenes. Esto es posible gracias a complejos algoritmos y redes que analizan cada pixel de las imágenes.

Un buen ejemplo de visión por computadora es el uso en vehículos autónomos, que necesitan "ver" y reconocer señales de tráfico, peatones y otros vehículos para navegar de manera segura. Otro uso común es en las aplicaciones de redes sociales, como Facebook, que pueden etiquetar automáticamente a personas en fotos.

La robótica es una de las aplicaciones más emocionantes de la inteligencia artificial, involucrando la creación de robots que pueden realizar tareas físicas de manera autónoma. Los robots pueden ser programados para realizar una variedad de tareas, desde ensamblar productos en una fábrica hasta realizar cirugías complejas.

La Inteligencia artificial permite que estos robots sean flexibles y adaptables, aprendiendo y mejorando a medida que realizan sus tareas. Es así como los robots, impulsados por Inteligencia artificial, pueden moverse, manipular objetos y realizar acciones complejas en el mundo real. Ejemplos incluyen los robots aspiradores que limpian tu casa y los robots industriales que ensamblan coches en fábricas.

No cabe duda que la inteligencia artificial ha llegado para seguir avanzando a pasos agigantados, está transformando nuestro mundo de múltiples maneras; desde aprender y mejorar con datos, entender y conversar en lenguaje humano, interpretar imágenes y videos, hasta crear robots autónomos. La Inteligencia artificial nos ofrece herramientas poderosas para mejorar nuestras vidas. Y esto es solo el comienzo. ¡El futuro con Inteligencia artificial promete ser aún más emocionante y revolucionario! Historia de la Inteligencia Artificial.

La historia de la inteligencia artificial es una narración fascinante que se remonta a mediados del siglo XX. Durante este periodo, los científicos comenzaron a imaginar la posibilidad de crear máquinas que pudieran pensar y aprender cómo los humanos. Esta visión ambiciosa sentó las bases para un campo de investigación que hoy en día está transformando industrias y sociedades enteras. Uno de los primeros y más influyentes pioneros en el campo de la inteligencia artificial fue Alan Turing, un matemático británico.

En 1950, Turing publicó un artículo fundamental titulado "Computing Machinery and Intelligence". En este trabajo, Turing planteó la provocativa pregunta: "¿Pueden pensar las máquinas?". Para abordar esta interrogante, Turing propuso un experimento conocido como la Prueba de Turing. La idea detrás de esta prueba es bastante simple pero profunda. Consiste en que una persona interactúe con una máquina y un humano a través de una interfaz de texto, sin saber cuál es cuál. Si la persona no puede distinguir consistentemente entre el humano y la máquina, se considera que la máquina ha demostrado un comportamiento inteligente. Esta prueba sigue siendo una referencia clave en la investigación de la Inteligencia artificial y plantea importantes preguntas sobre la naturaleza de la inteligencia y la conciencia.

Unos años después, en 1956, otro evento crucial tuvo lugar en la historia de la Inteligencia artificial. John McCarthy, científico informático estadounidense, organizó una conferencia en el Dartmouth College que marcó el nacimiento oficial del campo de la inteligencia artificial. A la Conferencia de Dartmouth: McCarthy invitó a varios investigadores destacados, como Marvin Minsky y Claude Shannon, para discutir y desarrollar ideas sobre cómo hacer que las máquinas imitan procesos de pensamiento humano. Fue en esta conferencia donde McCarthy acuñó el término "inteligencia artificial". Este evento es considerado un hito porque sentó las bases teóricas y prácticas para el desarrollo de sistemas inteligentes.

Marvin Minsky, quien más tarde cofundaría el Laboratorio de Inteligencia Artificial del Massachusetts Institute of Technology, hizo contribuciones significativas al campo con sus teorías sobre la estructura de la mente y el desarrollo de la primera red neuronal. Claude Shannon, conocido como el padre de la teoría de la información, también aportó sus conocimientos sobre el procesamiento de señales y la criptografía, que son esenciales para el funcionamiento de los sistemas de Inteligencia artificial.
Los primeros años de la inteligencia artificial están llenos de optimismo. Durante las décadas de los 60 y 70, la investigación avanzó con el desarrollo de programas que podían resolver problemas matemáticos y jugar al ajedrez a nivel competitivo.

En los años 70 y 80, la falta de progreso significativo y los altos costos llevaron a una disminución en la financiación y el interés en la inteligencia artificial. Este periodo, conocido como el "invierno de la inteligencia artificial", fue una época de estancamiento en el campo. Durante los años 80, las redes neuronales artificiales y los algoritmos de aprendizaje automático empezaron a ganar popularidad y atrajeron la atención de la comunidad científica y tecnológica.

Estos enfoques se inspiraron en la estructura y funcionamiento del cerebro humano, lo que les otorgó un gran potencial para resolver problemas complejos que eran difíciles de abordar con métodos tradicionales. Las redes neuronales artificiales se basan en la estructura del cerebro humano, compuesto por miles de millones de neuronas interconectadas.

Las redes neuronales funcionan mediante la propagación de señales a través de múltiples capas de nodos o neuronas artificiales. Cada nodo recibe una entrada, la procesa y pasa la salida a la siguiente capa. Este proceso permite a la red aprender a partir de datos de entrenamiento y realizar tareas complejas como el reconocimiento de imágenes y la clasificación de datos.

Los algoritmos de aprendizaje automático pueden ser supervisados, donde se entrenan con datos etiquetados para hacer predicciones, o no supervisados, donde buscan patrones y relaciones en datos no etiquetados. Estos algoritmos se utilizan en una variedad de aplicaciones, desde la predicción de tendencias del mercado hasta la personalización de experiencias de usuario en plataformas digitales. En los años 90, la inteligencia artificial comenzó a ser utilizada en aplicaciones prácticas que demostraron su valor en el mundo real, tales como, el reconocimiento de voz, la detección de fraudes y los sistemas de recomendación.

Reconocimiento de Voz: La tecnología de reconocimiento de voz permite a las máquinas entender y procesar el lenguaje humano hablado. Esto fue un gran avance en la interacción humano-computadora. Un ejemplo temprano es el software Dragon Naturally Speaking, lanzado en 1997, que permitió a los usuarios dictar texto a sus computadoras. Hoy en día, esta tecnología se encuentra en asistentes virtuales como Siri y Google Assistant, que utilizan inteligencia artificial para interpretar y responder a comandos de voz.

Detección de Fraudes: Los algoritmos de inteligencia artificial se utilizan para analizar transacciones y detectar patrones sospechosos que podrían indicar fraude. Esto es especialmente útil en el sector financiero. Las instituciones financieras adoptan estos sistemas para proteger a los consumidores y reducir pérdidas. Por ejemplo, las tarjetas de crédito y los bancos utilizan sistemas de inteligencia artificial para monitorear transacciones en tiempo real y alertar a los usuarios sobre actividades inusuales.

Sistemas de Recomendación: Los sistemas de recomendación utilizan algoritmos de inteligencia artificial para analizar el comportamiento del usuario y sugerir productos, servicios o contenido que podrían interesarles. Esto ha transformado la manera en que interactuamos con plataformas digitales. Netflix y Amazon son pioneros en el uso de sistemas de recomendación.

Netflix analiza las preferencias de visualización de los usuarios para sugerir películas y series, mientras que Amazon recomienda productos basándose en compras anteriores y el historial de navegación del usuario.

Las décadas de los 80 y 90 fueron cruciales para el renacimiento de la inteligencia artificial. Las redes neuronales artificiales y los algoritmos de aprendizaje automático, inspirados en el cerebro humano, demostraron ser herramientas poderosas para abordar problemas complejos. Estos avances sentaron las bases para el desarrollo continuo y el éxito de la inteligencia artificial en las décadas siguientes.

Siglo XXI - Era de la Inteligencia Artificial Moderna. El auge del big data y la computación en la nube ha permitido a la inteligencia artificial alcanzar nuevos niveles de rendimiento. Los algoritmos de inteligencia artificial ahora pueden procesar enormes cantidades de datos y aprender de ellos de manera eficiente. El desarrollo del aprendizaje ha revolucionado el campo de la inteligencia artificial. Las redes neuronales profundas, con múltiples capas de procesamiento, han logrado avances impresionantes en áreas como el reconocimiento de imágenes, el procesamiento del lenguaje natural y la conducción autónoma.

La inteligencia artificial ha recorrido un largo camino desde sus inicios en los años 50 hasta convertirse en una tecnología central en el mundo moderno. Gracias a los esfuerzos de pioneros como Alan Turing y John McCarthy, hoy contamos con sistemas de inteligencia artificial que pueden realizar tareas complejas y asistir en diversos campos, incluida la salud mental. La evolución de la inteligencia artificial continúa, impulsada por avances en algoritmos, poder computacional y disponibilidad de datos, prometiendo un futuro donde las máquinas inteligentes sean parte integral de nuestra vida cotidiana.

Capítulo 2: Aplicación de la inteligencia artificial en la Salud Mental.

La inteligencia artificial trae una verdadera revolución al campo de la salud mental al introducir nuevas formas de diagnóstico, tratamiento y monitoreo de las condiciones psicológicas del usuario. Estas aplicaciones están haciendo que la atención sea más accesible y personalizada, y además, están aumentando la eficiencia en la prestación de estos servicios.

La inteligencia artificial promete transformar la forma en que se diagnostican las condiciones de salud mental al utilizar algoritmos avanzados para analizar grandes volúmenes de datos clínicos y comportamentales. Estos algoritmos pueden identificar patrones que indican la presencia de depresión, ansiedad, trastorno bipolar y esquizofrenia. Los sistemas de inteligencia artificial pueden analizar historiales médicos, respuestas a cuestionarios y datos de monitoreo continuo para detectar signos tempranos de trastornos mentales. Utilizando técnicas de aprendizaje automático, la inteligencia artificial puede reconocer patrones sutiles que a menudo pasan desapercibidos para los profesionales humanos, proporcionando diagnósticos más precisos y rápidos.

La inteligencia artificial también se está utilizando para desarrollar tratamientos. Los chatbots y asistentes virtuales son ejemplos de cómo la inteligencia artificial puede ofrecer apoyo terapéutico a través de conversaciones textuales, ofreciendo apoyo emocional por medio de tratamientos extremadamente personalizados. Los sistemas de Inteligencia Artificial pueden adaptar las intervenciones terapéuticas a las necesidades específicas del paciente, ajustando las técnicas y la frecuencia de las sesiones en función de los datos de seguimiento. Así mismo, el monitoreo continuo es otra área en la que la inteligencia artificial está haciendo una gran diferencia.

Las aplicaciones móviles y los dispositivos portátiles pueden rastrear el estado de ánimo, los patrones de sueño y otros indicadores de salud mental en tiempo real. Aplicaciones como Youper y Misü utilizan inteligencia artificial para monitorear el bienestar emocional del usuario, proporcionando alertas y sugerencias cuando se detectan cambios significativos en el estado de ánimo. Los wearables, como los relojes inteligentes, pueden recopilar datos sobre la actividad física y el sueño, que luego son analizados por algoritmos de inteligencia artificial para evaluar la salud mental del usuario.

Verdaderamente la inteligencia artificial está haciendo que los servicios de salud mental sean más accesibles para personas en todo el mundo. Los chatbots y las aplicaciones móviles pueden ofrecer apoyo inmediato, las 24 horas del día, los 7 días de la semana, eliminando las barreras geográficas y temporales. Los chatbots terapéuticos proporcionan apoyo a las personas cuando más lo necesitan, sin importar su ubicación, ni horarios.

Las aplicaciones de inteligencia artificial permiten que las personas en áreas remotas o con acceso limitado a profesionales de salud mental reciban tratamientos personalizados. Cómo ya se mencionó, uno de los beneficios destacables de la inteligencia artificial aplicada a la salud mental es que los chatbots terapéuticos permiten personalizar los tratamientos en función de las necesidades específicas de cada paciente. Esto significa que las intervenciones pueden adaptarse en tiempo real para ser más efectivas. Los algoritmos de inteligencia artificial pueden ajustar los tratamientos basados en las respuestas del paciente, proporcionando una atención más eficaz.

Para los profesionales de la Salud Mental, el uso de la inteligencia artificial aumenta la eficiencia en la prestación de servicios al automatizar tareas administrativas y proporcionar análisis detallados de los datos del usuario, liberando tiempo para que se concentren en la interacción directa. Además, los sistemas de inteligencia artificial pueden procesar grandes volúmenes de datos rápidamente, proporcionando información valiosa que ayuda a mejorar la toma de decisiones clínicas por parte de los psicoterapeutas. Ya vemos como la inteligencia artificial está haciendo que los servicios sean más accesibles, personalizados y eficientes. Desde el diagnóstico temprano hasta el tratamiento y el monitoreo continuo, la inteligencia artificial ofrece herramientas poderosas que pueden mejorar significativamente la calidad de vida de las personas con trastornos mentales. A medida que esta tecnología continúa evolucionando, es probable que veamos aún más innovaciones que transformarán la atención de la salud mental en el futuro.

Capítulo 3. Chatbots Terapéuticos.

Los chatbots terapéuticos son herramientas de inteligencia artificial diseñadas para proporcionar apoyo psicológico a través de conversaciones interactivas. Estos chatbots utilizan algoritmos avanzados que aplican, principalmente, técnicas de terapia cognitivo conductual.

Woebot es un chatbot terapéutico desarrollado por la Universidad de Stanford, diseñado para proporcionar apoyo emocional y estrategias de afrontamiento basadas en la terapia cognitivo conductual, utilizando técnicas de Procesamiento del Lenguaje Natural para comprender y responder a las necesidades emocionales de los usuarios. Woebot ofrece seguimiento diario y utiliza un enfoque basado en la evidencia para guiar a los usuarios a través de ejercicios de Terapia Cognitivo Conductual; emplea algoritmos de Procesamiento del Lenguaje Natural para analizar las respuestas de los usuarios y proporcionar retroalimentación personalizada.

Los estudios han demostrado que Woebot es eficaz en la reducción de síntomas de ansiedad y depresión. Un estudio publicado en el Journal of Medical Internet Research encontró que los usuarios de Woebot experimentaron una mejora significativa en su bienestar emocional después de solo dos semanas de uso. Además, los usuarios reportaron altos niveles de satisfacción y compromiso con la herramienta. Los usuarios informaron sentirse escuchados y apoyados, lo que contribuyó a su mejoría emocional.

Making the Impossible Possible: Woebot Forms a Bond With Users, Increasing Engagement With Empathy
https://www.youtube.com/watch?v=3Fa8Y6zjIBk

Ellie es un avatar terapéutico desarrollado por el Instituto de Tecnologías Creativas de la Universidad del Sur de California; utiliza análisis de voz y reconocimiento facial para evaluar el estado emocional de los usuarios y guiar las interacciones terapéuticas. Fue diseñada para complementar la psicoterapia tradicional, proporcionando una evaluación emocional objetiva. Ellie interactúa con los usuarios a través de entrevistas guiadas, durante las cuales analiza el tono de voz, las expresiones faciales y el lenguaje corporal para evaluar el estado emocional.

Los datos recopilados se utilizan para proporcionar retroalimentación al terapeuta, ayudando a identificar áreas de preocupación y adaptar las intervenciones terapéuticas. Ellie ha demostrado ser eficaz en la detección de síntomas de depresión y ansiedad con una precisión comparable a la de los terapeutas humanos. En 2014 se encontró que los usuarios se sentían más cómodos revelando información personal a Ellie que a un entrevistador humano, lo que facilitó una evaluación más precisa del estado emocional.

Ellie: Terapia asistida por computadora Programas de terapia de Realidad Virtual (RV) y de Inteligencia Artificial (IA) ofrecen a psicólogos nuevas herramientas para tratar pacientes http://www.scielo.org.co/scielo.php?pid=S0120-12632016000200003&script=sci_arttext

Tess es una plataforma de inteligencia artificial que proporciona soporte emocional y terapia conversacional a través de mensajes de texto; utiliza técnicas de Terapia Cognitivo Conductual, Terapia de Aceptación y Compromiso y Terapia Dialéctica Conductual para ayudar a los usuarios a manejar el estrés y gestionar sus emociones. Tess monitorea las respuestas de los usuarios y ajusta sus recomendaciones en función de los datos recopilados; también ofrece seguimiento continuo, manteniendo a los usuarios comprometidos con su proceso terapéutico.

En 2018 resultados de estudio mostró que los usuarios de Tess experimentaron una reducción significativa en los niveles de estrés y ansiedad después de un mes de uso. La plataforma ha sido particularmente útil en entornos con acceso limitado a servicios de salud mental, proporcionando apoyo a refugiados, estudiantes y profesionales de la salud.

Uso de la inteligencia artificial psicológica (Tess) para aliviar los síntomas de depresión y ansiedad.

https://psiquiatria.com/depresion/uso-de-la-inteligencia-artificial-psicologica-tess-para-aliviar-los-sintomas-de-depresion-y-ansiedad

Wysa es otro chatbot popular en el campo de la salud mental que utiliza técnicas de Terapia Cognitivo Conductual y Terapia Dialéctica Conductual para proporcionar intervenciones terapéuticas efectivas para los usuarios que enfrentan ansiedad, depresión y estrés. Estas técnicas ayudan a los usuarios a cambiar patrones de pensamiento y a desarrollar habilidades de afrontamiento. Ofrece una variedad de herramientas de autoayuda que los usuarios pueden utilizar para trabajar en sus problemas de manera independiente.

Estas herramientas incluyen ejercicios de respiración, diarios de gratitud y técnicas de relajación. Además, entrega la opción de apoyo adicional, de modo que puede conectar a los usuarios con terapeutas humanos para obtener una ayuda más personalizada y profunda. Los resultados de estudios realizados por la Universidad de Washington analizaron el impacto de Wysa en usuarios con síntomas de ansiedad indicaron que Wysa ayudó a reducir los niveles de ansiedad y mejoró el bienestar emocional general de los participantes. La combinación de Terapia Cognitivo Conductual y técnicas de Terapia Dialéctica Conductual fue particularmente efectiva en este contexto.

Youper es un chatbot que utiliza procesamiento del lenguaje natural para ofrecer intervenciones personalizadas en el manejo de emociones y el seguimiento del estado de ánimo. Como todos los ChatBots Terapéuticos utiliza datos del usuario para personalizar las intervenciones ajustando las recomendaciones de acuerdo a las necesidades específicas del usuario. Proporciona ejercicios de mindfulness y Terapia Cognitivo Conductual que ayudan a los usuarios a manejar problemas emocionales. Estos ejercicios están diseñados para ser fáciles de seguir y efectivos. Youper permite a los usuarios realizar un seguimiento continuo de su estado de ánimo, proporcionando gráficos y análisis que muestran las tendencias emocionales a lo largo del tiempo.

Misü es una aplicación que analiza las expresiones faciales de sus usuarios para determinar su estado emocional. Esto proporciona una forma única y precisa de evaluar el bienestar emocional en tiempo real. Ayuda a los usuarios a comprender cómo sus interacciones digitales afectan su bienestar emocional. Al monitorear y analizar estas interacciones, Misü ofrece información valiosa sobre los patrones de uso y su impacto emocional.

Rootd es una aplicación diseñada específicamente para ayudar a los usuarios a manejar ataques de pánico y ansiedad. Proporciona técnicas de grounding (o de enraizamiento) que los usuarios pueden utilizar durante un ataque de pánico para reducir la ansiedad y recuperar el control. Este Chatbots está diseñado para ser fácil de usar, proporcionando instrucciones claras y apoyo inmediato en momentos de crisis.

El Grounding o Earthing es caminar descalzo sobre hierba, tierra, o arena, es decir, entrar en contacto con la energía de la tierra a través de nuestros pies. Este Chatbots Terapéutico ofrece información educativa sobre la ansiedad, ayudando a los usuarios a comprender mejor sus síntomas y desarrollar estrategias para prevenir futuros ataques. Es indiscutible que los chatbots terapéuticos están revolucionando la forma en que se proporciona apoyo emocional y psicológico. Utilizan técnicas avanzadas de inteligencia artificial y terapias basadas en la evidencia para ayudar a los usuarios a manejar sus problemas de salud mental de manera efectiva.

En resumen, estos chatbots no solo ofrecen accesibilidad y personalización, sino que también proporcionan herramientas y recursos que permiten a los usuarios tomar un papel activo en el manejo de su bienestar.

La eficacia de los chatbots terapéuticos en el tratamiento de problemas de salud mental, como ansiedad, estrés y depresión, ha sido objeto de numerosos estudios y evidencias científicas. Uno de los principales beneficios es su accesibilidad y la capacidad de proporcionar cuidado continuo, ya que están disponibles las 24 horas del día, los 7 días de la semana, lo que permite a los usuarios acceder a apoyo en cualquier momento que lo necesiten. Esto es especialmente beneficioso para personas que viven en áreas remotas o que tienen horarios complicados que dificultan la asistencia a sesiones de terapia tradicionales.

Los chatbots terapéuticos ofrecen un soporte continuo que complementa las sesiones de terapia con profesionales humanos. Esto puede ser crucial para mantener el progreso terapéutico entre sesiones y proporcionar intervención temprana cuando surgen problemas emocionales, debido a que pueden identificar y abordar problemas emocionales antes de que se agraven, proporcionando ejercicios y técnicas para manejar el estrés y la ansiedad de manera inmediata. Para aquellos que ya están en terapia con un profesional, los chatbots pueden servir como una herramienta adicional para reforzar y aplicar lo aprendido en las sesiones.

A pesar de los beneficios significativos, una de las principales limitaciones de los chatbots es su incapacidad para comprender completamente las emociones humanas y responder con empatía profunda. Aunque los algoritmos de procesamiento del lenguaje natural han avanzado, todavía no pueden igualar la capacidad de un terapeuta humano para captar matices emocionales y contextos complejos.

Los chatbots funcionan sobre la base de algoritmos predefinidos que pueden no cubrir todas las posibles respuestas y situaciones emocionales de los usuarios. Esto puede resultar en respuestas que no siempre son adecuadas o satisfactorias.

Los desarrolladores de chatbots están trabajando en mejorar la capacidad de estos sistemas para detectar y responder a emociones con mayor empatía. Esto incluye el uso de técnicas avanzadas de aprendizaje y el entrenamiento de modelos con grandes volúmenes de datos emocionales.

Se considera que la colaboración entre chatbots y terapeutas humanos puede maximizar los beneficios de ambos, creando una importante sinergia a favor de los procesos terapéuticos. Por un lado, los chatbots pueden manejar las interacciones básicas y repetitivas, mientras que los terapeutas humanos se enfocan en casos más complejos y en proporcionar una comprensión emocional profunda.

Los chatbots terapéuticos ofrecen una solución prometedora para mejorar el acceso y la continuidad del cuidado en la salud mental.

Sin embargo, es importante reconocer sus limitaciones y trabajar en mejorar su capacidad de empatía y comprensión emocional, así como garantizar la seguridad y privacidad de los datos de los usuarios.

La recopilación y almacenamiento de datos emocionales y de salud mental por parte de chatbots plantea preocupaciones sobre la seguridad y privacidad de la información. Es fundamental que estas aplicaciones implementen medidas para proteger los datos de los usuarios. Con un desarrollo continuo y una integración adecuada con la terapia humana, los chatbots pueden desempeñar un importante papel en salud mental.

Capítulo 4. Realidad Virtual y Realidad Aumentada Aplicada a Psicoterapia

La integración de la Realidad Virtual y la Realidad Aumentada están revolucionando el campo de la salud mental al proporcionar nuevas formas de tratamiento y apoyo para diversas condiciones, y representa un ejemplo de la sinergia entre los profesionales y la inteligencia. Estas tecnologías avanzadas permiten crear entornos controlados y seguros para abordar miedos, fobias y ansiedades de manera efectiva.

Una de las aplicaciones más destacadas de la Realidad Virtual y Realidad Aumentada en la salud mental es su uso en la terapia de exposición para tratar fobias y trastorno de estrés postraumático por medio de Terapia de Exposición. La terapia de exposición es una técnica basada en la presentación gradual y controlada del paciente a las situaciones o estímulos que le provocan miedo o ansiedad, con el objetivo de reducir su respuesta emocional negativa.

La Realidad Virtual y la Realidad Aumentada permiten recrear de manera realista los entornos o situaciones que desencadenan la ansiedad del paciente. Estos entornos son seguros y controlados, lo que permite al paciente enfrentarse a sus miedos sin riesgos reales. Por ejemplo, una persona con fobia a volar puede empezar visualizando un aeropuerto, luego un avión estacionado, y finalmente, un despegue.

Los terapeutas pueden ajustar el nivel de dificultad y la intensidad de la exposición según el progreso del paciente; pueden monitorear las reacciones fisiológicas del paciente, como la frecuencia cardíaca y la respiración, para ajustar la exposición en tiempo real y garantizar que el paciente no se sienta abrumado. Un estudio realizado en 2016 por la Universidad de Barcelona evaluó el uso de Realidad Virtual en el tratamiento de la fobia a volar. Los participantes que recibieron terapia de exposición en Realidad

Virtual mostraron una reducción significativa en sus niveles de ansiedad en comparación con el grupo de control que recibió terapia tradicional.

Otro estudio llevado a cabo por el Instituto de Tecnologías Creativas de la Universidad del Sur de California utilizó la Realidad Virtual para tratar a veteranos con estrés post traumático. Esta investigación reporto que los veteranos que participaron en la terapia de exposición en Realidad Virtual experimentaron una disminución notable en los síntomas del Estrés Post Traumático, como la evitación e hipervigilancia.

La capacidad de inmersión de la Realidad Virtual permite que los pacientes se sientan realmente presentes en el entorno, lo que puede aumentar la efectividad de la terapia. Los entornos virtuales pueden ser repetidos tantas veces como sea necesario y ajustados para satisfacer las necesidades individuales de cada paciente. Esto no siempre es posible en la vida real, donde controlar todas las variables puede ser complicado. Los estudios de caso y las evidencias demuestran que la Realidad Virtual y Realidad Aumentada no solo son efectivas, sino que también mejoran significativamente la experiencia terapéutica al ofrecer inmersión, repetibilidad y control, adaptándose a las necesidades específicas de cada paciente.

La realidad virtual y la realidad aumentada también se están aplicando en terapias inmersivas de meditación y mindfulness. La meditación y el mindfulness son prácticas que se centran en la atención plena y la relajación, y la realidad virtual puede ofrecer una experiencia inmersiva que mejora estos procesos.

La Realidad Virtual puede transportar a los usuarios a entornos serenos como playas, bosques o montañas, lo que facilita la desconexión del estrés diario y ayuda a concentrarse en la meditación. Con la ayuda de instructores virtuales, los usuarios pueden participar en sesiones de meditación guiada. Estas sesiones pueden incluir instrucciones sobre técnicas de respiración, visualizaciones y mantras.

El mindfulness implica estar completamente presente en el momento, y la realidad aumentada puede complementar esta práctica al superponer información útil en el entorno real del usuario. Además, pueden proporcionar recordatorios y ejercicios de mindfulness que se integran en la rutina diaria del usuario, como indicaciones para tomar respiraciones profundas o recordatorios para practicar la gratitud. Asimismo, los dispositivos de realidad aumentada pueden proporcionar feedback en tiempo real sobre la postura, la respiración y otros aspectos físicos que influyen en la relajación y el bienestar.

El Proyecto de Realidad Virtual y Mindfulness en la Universidad de Stanford, investiga cómo los entornos de realidad virtual pueden mejorar las prácticas de mindfulness y reducir el estrés. Los participantes usan cascos de Realidad Virtual para participar en sesiones de mindfulness guiadas, y los resultados preliminares muestran una reducción significativa en los niveles de estrés y una mejora en el bienestar general.

La Realidad Virtual puede ofrecer juegos y actividades diseñadas para reducir el estrés, como pintar en un lienzo virtual, caminar por un jardín zen o interactuar con animales virtuales. En general, varios proyectos de investigación están explorando cómo la Realidad Virtual y Realidad Aumentada pueden integrarse en entornos clínicos para mejorar la salud mental. El estudio de Realidad Virtual para la Ansiedad Social en la Universidad de Oxford, utiliza realidad virtual para ayudar a las personas con ansiedad social a practicar interacciones en entornos virtuales seguros.

Los resultados han mostrado una mejora en la confianza social y una reducción de la ansiedad en situaciones sociales reales. Un estudio publicado en el "Journal of Medical Internet Research" encontró que los participantes que utilizaron Realidad Virtual para la meditación guiada experimentaron una reducción significativa en los niveles de cortisol, la hormona del estrés.

Diversas investigaciones han mostrado que la exposición a entornos virtuales relajantes puede mejorar el estado de ánimo y reducir los síntomas de ansiedad y depresión. Las aplicaciones futuras de la realidad virtual y aumentada en la psicoterapia prometen transformar la manera en que se abordan la meditación, el mindfulness y la reducción del estrés. A través de entornos inmersivos y personalizables, estas tecnologías ofrecen nuevas herramientas para mejorar el bienestar emocional y mental de los pacientes.

Los proyectos de investigación y las aplicaciones clínicas actuales demuestran la eficacia de estas tecnologías y abren el camino para innovaciones continuas en el campo de la salud mental. A medida que la Realidad Virtual y Realidad Aumentada continúan evolucionando, es probable que veamos un aumento en su uso y aceptación en entornos clínicos y terapéuticos. Además de los proyectos de investigación, hay varias aplicaciones clínicas que ya están utilizando Realidad Virtual y Realidad Aumentada para tratar diferentes aspectos de la salud mental, tales como Psious y Bravemind.

Psious es una plataforma de Realidad Virtual utilizada por terapeutas para tratar fobias, ansiedad y estrés postraumático. Psious ofrece una variedad de entornos virtuales que pueden ser personalizados según las necesidades del paciente.

Bravemind fue desarrollada por el Instituto de Tecnologías Creativas de la Universidad del Sur de California, esta herramienta de Realidad Virtual se utiliza para tratar a veteranos con estrés postraumático mediante la recreación de escenarios de combate en un entorno controlado y seguro.

Capítulo 5. Debates sobre la Empatía y Observación en la Terapia.

La inteligencia artificial está transformando muchas áreas de la vida, incluida la salud mental. Sin embargo, uno de los debates más significativos en este campo es la capacidad de la inteligencia artificial para replicar la empatía humana, un componente esencial en la terapia.

Empatía.

Estamos de acuerdo en que la empatía es la capacidad de comprender y compartir los sentimientos de otra persona. En el contexto de la psicoterapia, la empatía profunda implica no sólo escuchar las palabras del paciente, sino también captar y resonar con sus emociones subyacentes. Esto crea un espacio seguro y de confianza donde los pacientes se sienten comprendidos y validados.

Un terapeuta humano puede detectar sutiles matices en el lenguaje corporal, el tono de voz y las expresiones faciales del paciente. Esta sensibilidad permite a los terapeutas responder de manera que el paciente se sienta verdaderamente comprendido y aceptado. Cuando un terapeuta valida las experiencias del paciente, este se siente reconocido y valorado.

La validación es crucial para que el paciente pueda abrirse y explorar sus pensamientos y emociones menos conscientes. Aunque los chatbots y otros sistemas de inteligencia artificial pueden responder de manera aparentemente empática, carecen de la profundidad emocional y la capacidad de resonancia que caracteriza a los seres humanos. Los chatbots terapéuticos están programados para responder a ciertas palabras clave y frases, y ofrecer respuestas útiles, sin embargo, la empatía y la validación emocional juegan un papel crucial en el proceso de sostener la sanación del paciente a lo largo del tiempo.

La empatía y la validación son cualidades que no solo ayudan a los pacientes a sentirse comprendidos y apoyados, sino que también facilitan el cambio interno y el crecimiento personal. Sentirse comprendido y validado por otro ser humano puede ser liberador. La aceptación incondicional y validación puede tiene varios beneficios clave para el proceso de curación. La validación ayuda a los pacientes a aceptar sus propias emociones y experiencias, lo que es fundamental para el proceso de psicoterapia.

La validación emocional implica reconocer y aceptar los sentimientos y experiencias del paciente sin juzgarlos. Cuando los pacientes sienten que sus emociones y experiencias son validadas, se sienten más seguros para explorarlas y aceptarlas, muchas veces los problemas emocionales surgen de la negación o represión de sentimientos dolorosos.

La validación reduce la vergüenza y la culpa que los pacientes pueden sentir por sus emociones. Sentirse comprendido por un terapeuta empático les ayuda a ver que sus reacciones son normales y que no están solos en su lucha; contribuye a fortalecer la autoestima del paciente. Saber que sus sentimientos son válidos y aceptados por otro ser humano les ayuda a desarrollar una visión más positiva de sí mismos.

La escucha empática permite al paciente sentirse acompañado en su dolor y sus luchas. Esta conexión puede actuar como un catalizador para el cambio, alentando al paciente a enfrentar y superar sus desafíos emocionales.

La conexión empática se refiere a la capacidad del terapeuta para resonar emocionalmente con el paciente, creando un vínculo que va más allá de la mera comprensión intelectual. Esta conexión permite al paciente sentirse acompañado y puede actuar como un catalizador para el cambio. Los pacientes que se sienten comprendidos y apoyados están más dispuestos a enfrentar sus miedos y desafíos emocionales, ya que saben que no están solos en su camino hacia la sanación.

La resonancia emocional implica una conexión entre el terapeuta y el paciente, que la inteligencia artificial, obviamente no puede ofrecer, al no tener emociones propias, no puede resonar con las emociones del paciente de la misma manera que lo haría un ser humano. La interacción humana en la terapia ofrece elementos fundamentales para los procesos de psicoterapia que la inteligencia artificial aún no puede replicar plenamente, tales como procesos de transferencia y contratransferencia.

La transferencia, se refiere a que los pacientes proyectan sentimientos y comportamientos de relaciones pasadas hacia el terapeuta. La contratransferencia, por otro lado, es la reacción emocional del terapeuta hacia el paciente. Estos procesos son fundamentales para explorar y entender las dinámicas subyacentes en las relaciones del paciente.

La transferencia permite al paciente reexaminar y trabajar a través de experiencias pasadas significativas que pueden estar afectando su comportamiento y emociones actuales. Un terapeuta humano puede interpretar y responder a estas proyecciones de manera que facilite el entendimiento y la resolución de conflictos internos, así como compartir hipótesis reflexivas sobre el origen de las dificultades presentes del paciente.

La Contratransferencia puede proporcionar insights profundos sobre las dinámicas del paciente. Por ejemplo, si un terapeuta se siente inexplicablemente irritado por un paciente, podría ser una pista sobre cómo el paciente afecta a las personas en su vida cotidiana. Estos insights pueden ser compartidos o no con el paciente de acuerdo al momento del proceso, en este sentido, es el juicio del profesional decidir cuándo y cómo usar esta información.

Otro fenómeno que se da en la interacción humana en el contexto de la psicoterapia, que es difícilmente imaginable en la interacción con los Chatbots terapéuticos, es la corregulación emocional. Esta se refiere al proceso mediante el cual un terapeuta ayuda al paciente a regular sus emociones a través de la interacción. Este proceso es difícil de replicar por una inteligencia artificial, ya que requiere una sintonía emocional en tiempo real, y una respuesta adecuada a las señales emocionales del paciente.

A través de la corregulación, los pacientes aprenden a manejar sus propias emociones. Un terapeuta puede calmar al paciente durante momentos de angustia, proporcionando un modelo de cómo regular las emociones en situaciones estresantes. Este aprendizaje es esencial para el desarrollo de habilidades de afrontamiento efectivas. La capacidad de regular las emociones con la ayuda de un terapeuta contribuye al desarrollo de la resiliencia emocional.

Los pacientes se vuelven más capaces de enfrentar y recuperarse de adversidades emocionales, mejorando su bienestar general. La terapia humana tiene la capacidad única de explorar y resolver conflictos inconscientes a través de técnicas como el psicoanálisis y la terapia de sueños; métodos que permiten acceder a contenidos profundos que afectan el comportamiento y las emociones del paciente.

Los terapeutas utilizan técnicas como la asociación libre y la interpretación de sueños para acceder a los pensamientos y deseos inconscientes del paciente. Estos contenidos, a menudo ocultos, pueden ser la raíz de muchos problemas emocionales y de comportamiento. La resolución de conflictos inconscientes puede llevar a cambios significativos y duraderos en el estado mental y emocional del paciente. Al traer estos conflictos a la conciencia y trabajar a través de ellos, los pacientes pueden experimentar una transformación profunda, lo que resulta en una mayor autocomprensión y bienestar emocional.

En conclusión, mientras que la inteligencia artificial ofrece herramientas poderosas y beneficios en términos de accesibilidad y eficiencia, la interacción humana en la terapia proporciona elementos insustituibles que son cruciales para el proceso de cambio interno en psicoterapia. La transferencia y contratransferencia, la corregulación emocional y la resolución de conflictos inconscientes son aspectos que sólo un terapeuta humano puede manejar adecuadamente.

Estos elementos permiten una exploración profunda y una transformación significativa en el paciente, subrayando la importancia de mantener la interacción humana en la práctica terapéutica. A medida que la tecnología avanza, es esencial encontrar un equilibrio que combine las fortalezas de la inteligencia artificial con los insustituibles beneficios de la terapia humana para ofrecer el mejor apoyo posible en el campo de la salud mental.

Observación Clínica.

El reconocimiento de patrones es una de las capacidades más destacadas de la inteligencia artificial, permitiendo a las máquinas identificar y analizar datos de maneras que son imposibles o muy difíciles para los humanos. Una de las ventajas más evidentes del uso de inteligencia artificial para el reconocimiento de patrones es la rapidez con la que puede procesar grandes volúmenes de datos.

La inteligencia artificial puede analizar y procesar datos en fracciones de segundo, una tarea que podría llevar horas, días o incluso semanas a los humanos. Por ejemplo, los algoritmos de inteligencia artificial pueden revisar miles de imágenes médicas para detectar signos de enfermedades en cuestión de minutos, acelerando significativamente los diagnósticos y tratamientos.

Otra ventaja crucial es la precisión. Los sistemas de inteligencia artificial están diseñados para realizar análisis con una alta exactitud, reduciendo el margen de error que es común en la observación humana. La inteligencia artificial elimina gran parte del error humano asociado con la fatiga, el sesgo y la subjetividad. Por ejemplo, en el análisis de datos financieros, la inteligencia artificial puede detectar patrones de fraude con una precisión que supera a la de los analistas humanos, minimizando las pérdidas y aumentando la seguridad.

La capacidad de la inteligencia artificial para manejar y analizar grandes volúmenes de datos es incomparable con la de los humanos. La inteligencia artificial puede procesar y analizar datos provenientes de múltiples fuentes simultáneamente. En el campo de la salud, por ejemplo, los algoritmos de aprendizaje automático pueden analizar datos genéticos, historial médico y datos de sensores en tiempo real para proporcionar diagnósticos y tratamientos personalizados.

La capacidad de observación de la inteligencia artificial en comparación con la Observación Humana, la inteligencia artificial tiene una ventaja significativa; los sistemas de inteligencia artificial pueden identificar variaciones y anomalías en los datos que son demasiado pequeñas para ser notadas por los humanos. Sin embargo, la observación humana tiene la ventaja de la interpretación subjetiva y contextual, que es difícil de replicar por la inteligencia artificial.

Los humanos pueden interpretar datos dentro de un contexto más amplio, considerando factores ambientales, históricos y personales que influyen en la situación. En la psicoterapia, por ejemplo, un terapeuta humano puede captar señales emocionales y de contexto de las interacciones del paciente que una inteligencia artificial podría pasar por alto. Si bien la subjetividad y el sesgo humano pueden ser una desventaja en comparación con la objetividad de la inteligencia artificial, también pueden ser una fortaleza en ciertos contextos.

Mientras que la inteligencia artificial se basa en datos históricos que pueden estar sesgados por los mismos reportes de los usuarios que del cuales pueden no estar conscientes, los humanos pueden dar cuenta de los vacíos en las historias de vida, tendencias a evitar explorar determinados contenidos, inconsistencias entre lo implícito y explícito en las narraciones de los pacientes, y aplicar juicio moral y ético para mitigar ciertos sesgos.

Aunque el reconocimiento de patrones por inteligencia artificial ofrece ventajas significativas en términos de rapidez, precisión y capacidad para manejar grandes volúmenes de datos, la observación del psicólogo clínico experto sigue siendo vital debido a su capacidad para interpretar datos dentro de un contexto más amplio y aplicar juicio subjetivo.

La combinación de ambas capacidades, la eficiencia y precisión de la inteligencia artificial con la comprensión contextual y emocional de los humanos, puede llevar a resultados óptimos en diversas aplicaciones, convertirse en esa fuerza que da la sinergia, siendo más que solo la suma de ambos, a favor de la salud hasta la seguridad y más allá.

Capítulo 6. Desafíos para la Inteligencia Artificial en Psicoterapia

La integración de la inteligencia artificial en la psicoterapia ofrece oportunidades emocionantes para mejorar el acceso y la efectividad de los tratamientos de salud mental. Sin embargo, también plantea varios desafíos que deben ser abordados para asegurar una implementación ética y segura.

A continuación, se detallan algunos de los desafíos y las potenciales sinergias futuras entre la inteligencia artificial y la interacción humana en el campo de la psicoterapia. Uno de los desafíos más importantes en el uso de la inteligencia artificial en la salud mental es la protección de los datos personales y la privacidad de los pacientes.

Dado que los sistemas de inteligencia artificial recopilan y analizan grandes volúmenes de datos sensibles, es crucial garantizar que esta información esté adecuadamente protegida contra accesos no autorizados y violaciones de seguridad. Los riesgos de violación de datos están presentes en los sistemas de inteligencia artificial, ya que están sujetos a ataques cibernéticos que podrían comprometer la privacidad de los datos de los pacientes. De esta manera, es absolutamente necesario implementar medidas de seguridad robustas, como el cifrado de datos y la autenticación de usuarios, para proteger esta información.

Los pacientes deben ser plenamente conscientes de cómo se utilizarán sus datos y deben dar su consentimiento informado para el uso de inteligencia artificial en su tratamiento. Esto implica una comunicación clara y transparente sobre los riesgos y beneficios asociados. Para abordar los desafíos éticos y de seguridad, es necesario desarrollar marcos regulatorios que deben evolucionar con la tecnología y proporcionar directrices claras para el uso seguro y efectivo de la inteligencia artificial en la salud mental.

Las regulaciones deben ser flexibles y capaces de adaptarse rápidamente a los avances tecnológicos. Esto puede incluir la actualización periódica de las normativas y la incorporación de nuevas tecnologías de inteligencia artificial. Es fundamental establecer principios éticos que guíen el desarrollo y la implementación de la inteligencia artificial en la psicoterapia. Esto incluye asegurar que la inteligencia artificial se utilice para complementar y no reemplazar la interacción humana, y que siempre se priorice el bienestar del paciente.

La sinergia entre la inteligencia artificial y los terapeutas humanos puede maximizar los beneficios terapéuticos al combinar las fortalezas de ambos. La inteligencia artificial puede manejar tareas repetitivas y análisis de datos, permitiendo a los terapeutas humanos concentrarse en aspectos más complejos y emocionales del tratamiento.

La inteligencia artificial puede proporcionar a los terapeutas información detallada y análisis de datos que pueden ser utilizados para personalizar los tratamientos y hacerlos más efectivos. Por ejemplo, los algoritmos de inteligencia artificial pueden identificar patrones en el comportamiento del paciente que podrían no ser evidentes para los terapeutas.

Los terapeutas pueden utilizar la inteligencia artificial para desarrollar intervenciones combinadas que incorporen tanto la tecnología como la interacción humana. Esto puede incluir el uso de chatbots para el soporte continuo y la realización de sesiones terapéuticas presenciales para abordar los problemas psicológicos a otros niveles de expresión, que van más allá del desarrollo de mecanismos de afromtamiento o gestión emocional.

Las plataformas de teleterapia que incorporan inteligencia artificial pueden ofrecer soporte las 24 horas del día, los 7 días de la semana, mientras que los terapeutas humanos pueden revisar y ajustar los tratamientos según sea necesario. Esto asegura que los pacientes reciban apoyo continuo y personalizado. La inteligencia artificial puede monitorear el progreso del paciente en tiempo real y proporcionar feedback inmediato. Los terapeutas pueden utilizar esta información para ajustar las estrategias terapéuticas y ofrecer intervenciones más precisas.

Los futuros desafíos y sinergias entre la inteligencia artificial y la interacción humana en la psicoterapia presentan tanto oportunidades como responsabilidades. La protección de datos y la privacidad, el desarrollo de marcos regulatorios adaptativos y éticos, y la potenciación de la sinergia entre inteligencia artificial y terapeutas humanos son aspectos cruciales para el éxito de esta integración.

Al combinar las fortalezas de la inteligencia artificial y la empatía humana, es posible crear un sistema de salud mental más accesible, eficiente y efectivo, que maximice los beneficios terapéuticos para los pacientes y promueva el bienestar emocional de manera integral.

Capítulo 7. Resumen y Reflexión Final

Hemos llegado al final de esta obra, hemos explorado diversas facetas del uso de la inteligencia artificial en la salud mental, así como la importancia continua de la interacción humana en la terapia.

Definimos que la inteligencia artificial es un campo de la informática que se centra en la creación de sistemas capaces de realizar tareas que normalmente requieren inteligencia humana, como el reconocimiento de voz, la toma de decisiones y el reconocimiento de patrones.

Desde sus inicios en los años 50 con pioneros como Alan Turing y John McCarthy, la inteligencia artificial ha evolucionado significativamente, abarcando desde las primeras redes neuronales hasta los avances contemporáneos en aprendizaje automático y procesamiento del lenguaje natural. Poseen la capacidad de aprender y mejorar a partir de la experiencia sin ser programados explícitamente para cada tarea, la habilidad de entender y responder a textos y conversaciones humanas de manera natural, la capacidad para interpretar y entender el contenido visual del entorno.

La aplicación de la inteligencia artificial en la creación de robots que pueden realizar tareas físicas de manera autónoma es uno de sus recientes avances. Los Chatbots y Asistentes Virtuales como Woebot, Wysa, Youper, Misü y Rootd que ofrecen apoyo emocional y terapéutico utilizando técnicas de Terapia Cognitivo Conductual y otras metodologías. Algoritmos de aprendizaje automático que ayudan a identificar trastornos mentales como la depresión y la ansiedad mediante el análisis de grandes volúmenes de datos.

Algunas de estas aplicaciones permiten el monitoreo en tiempo real del estado emocional y mental de los pacientes. La Realidad Virtual y la Realidad Aumentada son tecnologías que han sido utilizadas para la terapia de exposición en el tratamiento de fobias y trastorno de estrés postraumático. La inteligencia artificial permite personalizar los tratamientos terapéuticos basados en los datos individuales de cada paciente.

La inteligencia artificial puede procesar y analizar datos con una rapidez y precisión que supera la capacidad humana; puede manejar y analizar grandes cantidades de información de múltiples fuentes simultáneamente; y puede identificar variaciones y anomalías en los datos que pueden pasar desapercibidas para los humanos. La observación humana tiene la ventaja de interpretar datos dentro de un contexto más amplio, considerando factores ambientales, históricos y personales.

La combinación de inteligencia artificial y terapeutas humanos puede maximizar los beneficios terapéuticos al unir la precisión y rapidez de la inteligencia artificial con la empatía y comprensión contextual de los terapeutas humanos.

La inteligencia artificial tiene un potencial significativo para transformar la salud mental, ofreciendo herramientas avanzadas para diagnóstico, tratamiento y monitoreo. Sin embargo, la interacción humana sigue siendo insustituible en el proceso terapéutico debido a la empatía, validación emocional y la capacidad de interpretar contextos complejos que solo un ser humano puede ofrecer. La combinación de ambos puede crear un sistema de salud mental más robusto y accesible.

Es necesario establecer regulaciones adaptativas y éticas para guiar el uso de inteligencia artificial en la psicoterapia. Invitamos a los lectores a participar activamente en el debate sobre el uso de la inteligencia artificial en la salud mental y a explorar más sobre este apasionante tema. La integración de la tecnología y la empatía humana tiene el potencial de revolucionar la terapia, y su participación y perspectiva son cruciales para moldear el futuro de esta interacción. ¡Esperamos sus preguntas, comentarios y reflexiones!

Apéndice: Preguntas y Respuestas

¿Cuáles son las limitaciones y Riesgos de los Chatbots Terapéuticos?

Ausencia de Juicio Clínico.

A diferencia de los terapeutas humanos, que pueden aplicar su experiencia, intuición y formación clínica para interpretar las complejidades de la conducta y los pensamientos del paciente, los chatbots no poseen esta capacidad. Esto limita significativamente su capacidad para proporcionar interpretaciones profundas o formular hipótesis clínicas basadas en un contexto completo.

Comprensión Limitada del Contexto.

Los chatbots no pueden entender el contexto emocional y situacional completo de un usuario. Por ejemplo, no pueden discernir entre una broma y una declaración seria a menos que estén explícitamente programados para ello.

Riesgo de Malinterpretación.

Los usuarios pueden malinterpretar las sugerencias del chatbot como diagnósticos clínicos definitivos. Sin la guía adecuada de un profesional humano, esto puede llevar a una comprensión errónea de su estado mental, lo que podría ser perjudicial. Ejemplo: Un chatbot podría sugerir que síntomas de tristeza prolongada podrían ser indicativos de depresión, sin embargo, la persona puede estar pasando por un proceso de duelo, por lo que la tristeza es una reacción emocional esperable del proceso de duelo. Un usuario podría tomar la sugerencia de "depresión" como un diagnóstico definitivo y actuar en consecuencia sin buscar una evaluación profesional.

Dependencia de Algoritmos y Datos Entrenados

Los chatbots terapéuticos dependen de los algoritmos y los datos con los que fueron entrenados. Esto significa que su capacidad para entender y reaccionar adecuadamente está limitada a los patrones y respuestas que los desarrolladores han programado. La calidad de los datos de entrenamiento y los algoritmos determinan directamente la efectividad y precisión del chatbot.

Limitaciones del Algoritmo.

Los algoritmos utilizados por los chatbots no pueden captar todas las sutilezas y complejidades de la comunicación humana. Esto puede llevar a respuestas inapropiadas o incompletas. Un algoritmo entrenado con datos limitados sobre ansiedad puede no reconocer manifestaciones atípicas del trastorno, dejando sin apoyo a ciertos usuarios.

Sesgo en los Datos de Entrenamiento.

Si los datos utilizados para entrenar a los chatbots están sesgados o no son representativos de la diversidad de experiencias humanas, las respuestas del chatbot también estarán sesgadas. Por ejemplo, un chatbot entrenado principalmente con datos de una población específica puede no ser efectivo para usuarios de diferentes orígenes culturales o contextos socioeconómicos.

Falta de Actualización.

Los chatbots deben ser actualizados regularmente para incorporar nuevos conocimientos y técnicas terapéuticas. La falta de actualización puede hacer que los chatbots proporcionen información desactualizada o incorrecta.

¿Qué técnicas psicoterapéuticas son utilizadas por Chatbots aplicados a la Salud Mental?

Los chatbots terapéuticos utilizan una variedad de técnicas para ayudar a los usuarios a gestionar sus problemas de salud mental. Estas técnicas incluyen terapia cognitivo conductual, terapia de aceptación y compromiso, terapia dialéctico conductual, terapia interpersonal, mindfulness, resolución de problemas, y terapia motivacional. Al incorporar estas estrategias, los chatbots pueden proporcionar un apoyo efectivo y accesible, complementando la intervención de profesionales de la salud mental.

La Terapia de Aceptación y Compromiso se centra en ayudar a los individuos a aceptar sus pensamientos y sentimientos en lugar de luchar contra ellos, y a comprometerse con acciones en consistencia con sus valores personales.

La Terapia Dialéctico-Conductual combina técnicas de la terapia cognitivo conductual con conceptos de aceptación y mindfulness. Es especialmente eficaz para personas con trastornos de la personalidad, conductas suicidas, y desregulación emocional.

La Terapia Interpersonal se centra en mejorar las relaciones interpersonales y las habilidades de comunicación, abordando problemas como el duelo, los conflictos de rol, y las transiciones de vida. La Terapia Basada en Mindfulness se basa en la práctica de la atención plena para ayudar a los individuos a estar más presentes y aceptar sus pensamientos y sentimientos sin juicio.

La Terapia de Resolución de Problemas ayuda a los individuos a identificar y abordar problemas específicos de manera estructurada, desarrollando habilidades para encontrar soluciones efectivas. La Terapia Motivacional se utiliza para aumentar la motivación y el compromiso de los individuos para cambiar comportamientos problemáticos, como el abuso de sustancias o la falta de adherencia al tratamiento.

¿Cuál es el origen de los Chatbots terapéuticos?

Los inicios de los chatbots en la psicoterapia están estrechamente vinculados a la investigación en psicología y ciencias cognitivas. Los primeros intentos de utilizar chatbots en este campo se centraron en explorar cómo la interacción con una máquina podría influir en el comportamiento y las emociones humanas.

Un hito importante fue la creación de ELIZA, un programa de computadora desarrollado por Joseph Weizenbaum en la década de 1960. ELIZA simulaba una conversación con un psicoterapeuta utilizando patrones de lenguaje sencillos para responder a las entradas del usuario. ELIZA es un programa pionero que demostraba cómo los algoritmos simples podían simular una conversación terapéutica.

Aunque no comprendía realmente el contenido, su capacidad para mantener un diálogo fue un avance significativo. Estudios iniciales investigaron la efectividad de las interacciones entre las máquinas y los humano en la evocación de respuestas emocionales y la posibilidad de utilizar programas informáticos como herramientas terapéuticas. Con el tiempo, los avances en la inteligencia artificial y el procesamiento del lenguaje natural han permitido el desarrollo de chatbots mucho más sofisticados y eficaces.

Hoy en día, estos chatbots no solo imitan la interacción humana, sino que también aplican técnicas psicoterapéuticas basadas en evidencia para apoyar la salud mental de los usuarios. La integración de algoritmos avanzados y grandes volúmenes de datos ha mejorado significativamente la precisión y relevancia de las respuestas de los chatbots.

¿Qué puede ofrecer la interacción humana en procesos de psicoterapia que no puede ofrecer los chatbots terapéuticos?

La conexión humana en la psicoterapia va más allá de la empatía emocional, abarcando niveles inconscientes y espirituales que son esenciales para la comprensión y el tratamiento integral del paciente. La transferencia y la contratransferencia proporcionan un marco para explorar y formular hipótesis sobre el origen de los síntomas, mientras que las terapias no reflexivas y la exploración existencial permiten a los pacientes descubrir nuevas narrativas y dimensiones de su existencia. La integración de información emergente en el proceso de cambio terapéutico garantiza que el tratamiento sea adaptativo y responda a las necesidades cambiantes del paciente, promoviendo así un camino más profundo hacia la integración y el bienestar.

En la interacción entre humanos en procesos de psicoterapia, existe una conexión profunda a niveles inconscientes y espirituales, lo que permite una comprensión más integral del individuo. La transferencia y la contratransferencia, conceptos clave en la teoría psicoanalítica, son procesos que facilitan esta conexión y permiten al terapeuta y al paciente explorar y comprender los orígenes de los síntomas y los conflictos internos del paciente.

A través del diálogo terapéutico, los pacientes pueden reexaminar y reinterpretar sus experiencias pasadas, lo que puede conducir a una mayor comprensión y resolución de conflictos internos. La capacidad de reescribir la narrativa personal es un componente esencial de muchas modalidades terapéuticas, incluyendo la terapia narrativa y la terapia cognitivo conductual.

Las terapias no reflexivas, como la terapia humanista y la terapia centrada en el cliente, se enfocan en proporcionar un espacio seguro y de aceptación incondicional donde los pacientes pueden explorar áreas de su existencia que trascienden la mera introspección racional. Estas terapias fomentan la autoexploración y la autocomprensión a través de la experiencia directa y la relación terapéutica. Además de los procesos psicológicos, la conexión espiritual y existencial entre el terapeuta y el paciente juega un papel crucial en el tratamiento de aspectos profundos de la existencia humana. Terapias como la Logoterapia y la Terapia Existencial se centran en encontrar significado y propósito en la vida, abordando cuestiones fundamentales sobre la existencia y el ser.

Durante el proceso terapéutico, la información emergente sobre el paciente se incorpora continuamente, lo que permite una adaptación dinámica de las intervenciones terapéuticas. Esta información puede incluir cambios en el estado emocional del paciente, nuevos insights sobre su pasado y presente, y la evolución de la relación terapéutica.

La capacidad del terapeuta para integrar esta información emergente es fundamental para el éxito del tratamiento. La presencia terapéutica, que se refiere a la capacidad de conexión emocional y energética con el paciente, la capacidad para estar completamente presente y atento en el aquí y ahora, presente y sintonizado con el estado emocional del paciente, con una escucha activa, involucrando una sincronización con la experiencia emocional del paciente.

La presencia del terapeuta puede crear un ambiente de calma y seguridad, permitiendo explorar aspectos vulnerables de sí mismo. La sensación de ser escuchado y comprendido profundamente puede reducir la ansiedad y el estrés, facilitando un entorno donde se siente seguro para compartir sus experiencias más íntimas.

Geller y Greenberg en 2012, destacan que la presencia terapéutica está correlacionada con una mayor sensación de seguridad en los pacientes, lo que les permite abrirse y profundizar en sus experiencias emocionales. La autenticidad y la empatía son componentes cruciales de la presencia terapéutica.

La autenticidad transparente implica, que el terapeuta se muestra genuino y en la interacción, mientras que la empatía permite al terapeuta comprender y sentir con el paciente. La escucha activa, implica que el terapeuta no solo escucha las palabras del paciente, sino que también presta atención a los tonos emocionales, los gestos y las pausas en la comunicación. Esta forma de escucha asegura que el paciente se sienta completamente escuchado y comprendido.

Carls Rogers en 1951, subraya la importancia de la escucha activa en el desarrollo de una relación terapéutica efectiva, destacando que esta habilidad es esencial para crear un ambiente de aceptación y comprensión. Según Schore en 2003, la regulación emocional que proporciona un terapeuta presente puede tener efectos duraderos en el sistema nervioso del paciente, ayudando a estabilizar estados emocionales fluctuantes.

La resonancia emocional entre terapeuta y paciente puede facilitar la expresión y procesamiento de emociones profundas, ello implica una sintonía emocional donde el terapeuta no solo comprende las palabras del paciente, sino también sus sentimientos y experiencias subyacentes.

¿Qué problemas de salud mental son los más comúnmente tratados por los chatbots terapéuticos?

Las aplicaciones de inteligencia artificial para la salud mental están demostrando ser efectivas para tratar una variedad de problemas de salud mental comunes, incluyendo la ansiedad, la depresión, el estrés, los problemas de sueño, los trastornos adaptativos, el trastorno de estrés postraumático y los problemas de relación. Estas aplicaciones ofrecen accesibilidad, personalización y soporte continuo, lo que las convierte en herramientas valiosas para la gestión de la salud mental en la era digital.

Las aplicaciones de inteligencia artificial como Woebot y Wysa utilizan técnicas de terapia cognitivo conductual para ayudar a los usuarios a manejar la ansiedad. Estas aplicaciones proporcionan ejercicios de relajación, mindfulness y estrategias de afrontamiento para reducir los síntomas de ansiedad. Los usuarios pueden interactuar con chatbots que les guían a través de técnicas para gestionar su ansiedad diaria; Verywell Mind y Sociobits.

La depresión es otro trastorno comúnmente tratado por aplicaciones de inteligencia artificial. Aplicaciones como Youper y Woebot ofrecen intervenciones basadas en Terapia Cognitivo Conductual y seguimiento del estado de ánimo para ayudar a los usuarios a identificar patrones negativos de pensamiento y desarrollar estrategias para mejorar su bienestar emocional. Estas aplicaciones también pueden proporcionar recursos educativos sobre la depresión y cómo manejarla.

El manejo del estrés es una función central de muchas aplicaciones de inteligencia artificial para la salud mental. Aplicaciones como Rootd y Wysa ofrecen técnicas de grounding, de enraizamiento y ejercicios de respiración para ayudar a los usuarios a reducir el estrés en tiempo real. Estas aplicaciones también proporcionan herramientas de autoayuda y recursos para identificar y manejar los factores estresantes en la vida cotidiana.

Las dificultades para dormir, a menudo relacionadas con la ansiedad y el estrés, también son abordadas por aplicaciones de inteligencia artificial. Algunas aplicaciones, como Wysa, ofrecen técnicas de relajación y mindfulness específicas para mejorar la calidad del sueño. Estas intervenciones pueden incluir meditaciones guiadas y estrategias para establecer hábitos de sueño saludables.

Los trastornos adaptativos, que pueden surgir en respuesta a eventos estresantes o cambios significativos en la vida, también son tratados por aplicaciones de inteligencia artificial. Estas aplicaciones pueden ofrecer apoyo emocional continuo y herramientas para desarrollar resiliencia y adaptarse a nuevas situaciones. La accesibilidad constante de estas aplicaciones permite a los usuarios obtener ayuda en momentos críticos, lo que puede ser especialmente útil durante períodos de transición.

Algunas aplicaciones de inteligencia artificial están comenzando a abordar el trastorno de estrés postraumático utilizando Técnicas de Exposición y Desensibilización, aunque esta área aún está en desarrollo. Aplicaciones como Wysa están empezando a incluir módulos específicos para ayudar a los usuarios a manejar los síntomas del estrés postraumático, proporcionando un espacio seguro para procesar experiencias traumáticas con el apoyo de técnicas basadas en la evidencia.

Las aplicaciones de inteligencia artificial también ofrecen apoyo para problemas de relación y autocuidado. Pueden proporcionar consejos y estrategias para mejorar las habilidades de comunicación, gestionar conflictos y fomentar el autocuidado.

Estas herramientas ayudan a los usuarios a desarrollar relaciones más saludables y a mantener un equilibrio emocional en su vida diaria.

¿Qué tan cierto es que la Apertura y Sinceridad de las Personas aumenta al Interactuar con la Inteligencia Artificial?

La afirmación de que las personas tienden a ser más abiertas y sinceras al interactuar con la inteligencia artificial debido a la falta de juicios y prejuicios es apoyada por varios estudios y experiencias prácticas. Sin embargo, esta apertura debe ser equilibrada con la necesidad de empatía y conexión humana para maximizar la eficacia del tratamiento psicológico.

La ausencia de juicios y prejuicios en las interacciones con la inteligencia artificial puede hacer que los usuarios se sientan más seguros y dispuestos a compartir información sensible. Según un estudio de Frontiers in Psychology (2019), los participantes informaron sentirse menos evaluados y más cómodos al compartir información personal con chatbots en comparación con humanos.

La interacción con la inteligencia artificial a menudo proporciona un grado de anonimato que puede ser difícil de conseguir en la terapia tradicional. Este anonimato puede reducir la ansiedad social y la vergüenza asociadas con la divulgación de pensamientos y emociones íntimas. Un estudio de Journal of Medical Internet Research en 2020, encontró que los usuarios eran más propensos a revelar síntomas de depresión y ansiedad a chatbots anónimos que a médicos en persona.

Aunque la inteligencia artificial puede ofrecer un espacio libre de juicios, también carece de la conexión emocional y la empatía que un terapeuta humano puede proporcionar. La falta de una relación terapéutica puede limitar la profundidad de la divulgación y la eficacia del apoyo emocional.

Un estudio publicado en The Lancet Digital Health en 2021, sugiere que la ausencia de empatía y comprensión humana puede ser una barrera para algunos usuarios, quienes pueden preferir la interacción humana para sentirse verdaderamente comprendidos.

La confianza en la inteligencia artificial también depende de la percepción de la seguridad y privacidad de los datos. Si los usuarios no están seguros de cómo se manejan y protegerán sus datos, pueden ser reacios a compartir información sensible.

La preocupación por la privacidad y el posible uso indebido de datos puede inhibir la apertura y sinceridad en las interacciones con la inteligencia artificial. Un artículo en Computers in Human Behavior (2020) destaca que las preocupaciones sobre la privacidad pueden afectar negativamente la disposición de los usuarios a revelar información personal.

La inteligencia artificial actual, aunque avanzadas, todavía tienen limitaciones en la comprensión y respuesta a las complejidades de las emociones humanas. La falta de respuestas adecuadas y comprensivas puede hacer que los usuarios sientan que no están siendo verdaderamente escuchados y comprendidos. Según Nature en 2019, la falta de matices en las respuestas de la inteligencia artificial puede reducir la calidad de la interacción y la disposición de los usuarios a ser abiertos y sinceros.

Referencias bibliográficas

- American Psychological Association. (2023). "Psychology Embracing AI".

- Botella, C. et al. (2016). "Augmented Reality for the Treatment of Post-Traumatic Stress Disorder". Frontiers in Psychology.

- British Association for Counselling and Psychotherapy. (2023). "The Brave New World of AI Therapy".

- Computers in Human Behavior. (2020). "Privacy Concerns and Self-Disclosure in Online Health Platforms".

- Fitzpatrick, K. K., Darcy, A., & Vierhile, M. (2017). "Delivering Cognitive Behavior Therapy to Young Adults With Symptoms of Depression and Anxiety Using a Fully Automated Conversational Agent (Woebot): A Randomized Controlled Trial". JMIR Mental Health.

- García-Palacios, A., Hoffman, H. G., Carlin, A., Furness, T. A., & Botella, C. (2002). "Virtual reality in the treatment of spider phobia: a controlled study". Behaviour Research and Therapy.

- IEEE Pulse. (2023). "Improving Psychotherapy With AI: From the Couch to the Keyboard".

- IBM Watson Health. (2020). "Reducing Diagnostic Bias with AI".

- Journal of Medical Internet Research. (2020). "Anonymity and Disclosure in Digital Mental Health".

- Miloff, A. et al. (2019). "Gamified, Self-Guided Virtual Reality Therapy for Adolescent Avoidance of Spiders: A Randomized Controlled Trial". Journal of Medical Internet Research.

- Mohr, D. C., Zhang, M., & Schueller, S. M. (2017). "Personal sensing: Understanding mental health using ubiquitous sensors and machine learning". Annual Review of Clinical Psychology.

- Navarro-Haro, M. V., et al. (2017). "Meditation Experts Try Virtual Reality Mindfulness: A Pilot Study Evaluation of the Feasibility and Acceptability of Virtual Reality to Facilitate Mindfulness Practice in People Attending a Mindfulness Conference". PLoS ONE.

- Nature. (2019). "Real-time Emotional Analysis with AI".

- Nature. (2023). "Is the World Ready for ChatGPT Therapists?".

- Parsons, T.D. & Rizzo, A.A. (2008). "Affective Outcomes of Virtual Reality Exposure Therapy for Anxiety and Specific Phobias: A Meta-Analysis". Journal of Behavior Therapy and Experimental Psychiatry.

- Positive Psychology. (2023). "Revolutionizing AI Therapy: The Impact on Mental Health Care".

- Product Hunt. "Misü: AI-based Emotional Monitoring App".

- Product Hunt. "Rootd: AI-based Anxiety and Panic Attack Relief".

- Product Hunt. "Woebot: The AI Therapist in Your Pocket".

- Product Hunt. "Wysa: AI-based mental health chatbot".

- Psychiatric Services. (2018). "Accessibility and Adherence in AI-Based Mental Health Interventions".

- Rizzo, A. et al. (2020). "Virtual and Augmented Reality Tools for Phobia Treatment". Journal of Anxiety Disorders.

- Rogers, C. R. (1951). Client-Centered Therapy: Its Current Practice, Implications, and Theory. Houghton Mifflin.

• Sociobits. "How Woebot Uses AI to Provide Mental Health Support".

• Sociobits. "How Youper Uses AI to Enhance Mental Health Support".

• The Lancet Digital Health. (2021). "Human Connection in Digital Mental Health".

• The Lancet Psychiatry. (2018). "The Role of Therapeutic Alliance in Predicting Outcomes in Psychotherapy".

• Wiederhold, B.K., et al. (2014). "Use of Virtual Reality and Augmented Reality for the Treatment of Anxiety Disorders". Journal of CyberTherapy and Rehabilitation.